DISCOVRS,

SUR LE
RETABLISSEMENT
DE LA SANTE'
DV ROY.

PRONONCE'
A L'ACADEMIE FRANÇOISE,
Par M. DAVCOVR,
le 27. Ianvier 1687.

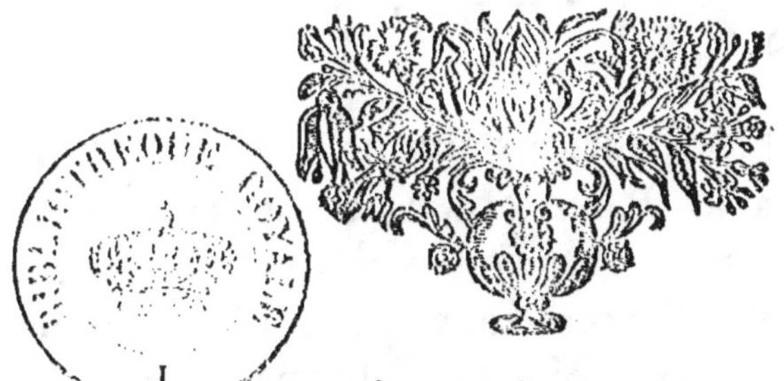

A PARIS,
Chez PIERRE LE MONNIER,
Marchand Libraire, dans la Cour neuve du
Palais, au feu Divin.

AVEC PERMISSION.

DISCOVRS sur le rétablissement de la santé du Roy, prononcé à l'Academie Françoise le 27. Ianvier, 1687.

E S S I E V R S,

Quand Nous aurions autant de voix, qu'on en donne à la Renommée, ce ne seroit pas encore assez pour nos cœurs dans cét heureux jour, ou Nous voudrions pouvoir exprimer toute la joye, que Nous ressentons de la parfaite guerison du Roy : De cette nouvelle Victoire plus avantageuse infiniment, que toutes celles qui ont reculé si loin nos frontieres, & qui ont porté la Gloire de nos Armes jusqu'aux extremitez de la Terre.

Il importe peu, qu'un Etat foit plus ou moins grand ; puifqu'il peut eftre heureux ou malheureux, avec plus ou moins de Païs ; & l'on ne doit pas comparer les Victoires qui ont agrandi le Royaume, avec celle-cy, qui en lui confervant fon Augufte Prince, lui conferve fa force, fon bon-heur, fa gloire, & le remplit d'une joie qui ne fe peut contenir.

Il n'eft rien de plus charmant, que de voir tout le peuple, comme tranfporté hors de lui mefme. Iamais la Magnificence des Rois, n'a fait un fpectacle fi beau, ny fi digne de la Majefté Royalle, que cét empreffement univerfel des artifans & des Marchands, qui laiffent leurs ouvrages, ferment leurs boutiques & courrent aux Eglifes, y loüer Dieu de la Santé du Roy. Ils ne fçavent quelles marques donner, d'une joie extraordinaire qu'ils n'ont point encore fentie : Il leur femble qu'ils ne fçauroient affez allumer de feux Sacrez fur les Autels pour faire connoiftre l'ardeur & la pureté de leur zele : Ils ne fe contentent pas de leur propre voix, pour exprimer la tendreffe de leur amour ; ils empruntent les plus belles & les plus fçavantes, qui retentiffent de toutes parts en Cantiques de loüanges & d'actions de graces. Il eft vrai cependant, que rien n'eft fi beau, que ce qu'ils font eux-mémes fans preparation : Ces cris naturels qui ne fçau-

roient eftre imités par une fauffe joie : Ces
Concerts de cœurs & d'affections, ou l'on ne
Prelude point : Cette voix du peuple, qu'un
Prophete appelle la voix de Dieu, parce qu'elle
ne peut, ny feindre, ny tromper.

Que ferons nous Meffieurs, dans cette joie
publique, pour témoigner celle que nous ref-
fentons en particulier? Il faut qu'elle éclate de
toutes parts, & en toutes manieres. Tout eft
bon, hors le filence, dans une occafion fi fa-
vorable : & pluftoft que de nous taire, il fau-
droit battre des mains. La vraie joie ne veut
point d'étude, elle n'a ny precepte, ny regle.
Réjoüiffons nous, comme nous nous fommes
affligez, fincerement, naturellement fans art.

Ie m'en fouviendrai toute ma vie Meffieurs;
Quand on nous vient dire icy l'état ou le Roy
s'étoit trouvé, la feule idée du peril, nous fai-
fit tellement l'efprit, que ne penfant point da-
bord au fuccez du Remede, & n'en voiant
que la violence, nos Cœurs furent touchez
d'une crainte, dont la vive expreffion parut
long-temps fur nos vifages.

Quelles auroient donc efté nos frayeurs, &
nos allarmes; fi au lieu de nous dire, que ce
Remede extréme & dangereux avoit reüffi, on
nous euft dit feulement qu'on étoit refolu de
l'éprouver. Quel abbatement de cœur ! Quelle
confternation d'efprit ! Quel tremblement

dans toutes les parties de l'Etat, si ce bruit avoit esté répandu : Et que ne devons-nous point à la bonté plus-qu'héroïque de Nostre Auguste Prince, qui a voulu nous épargner ces mortelles inquietudes, en nous cachant le peril ou il étoit.

N'est-ce pas une chose admirable, & que nous ne sçaurions jamais dire avec assez de reconnoissance. Il n'a pas esté moins secret dans sa Maladie, que dans ses Guerres : Et comme-nous n'avons connû le dessein de ses Conquestes, que par le bruit de ses Victoires ; Nous n'avons sçû aussi, qu'il devoit s'exposer à une operation si perilleuse, qu'aprés qu'elle a esté heureusement faite,

C'est ainsi que dans les estats de la vie les plus contraires, ce grand Prince a toûjours la mesme conduite ; parce que c'est toujours la mesme grandeur d'Ame : toujours la même fermeté d'esprit : toujours le même Amour pour ses Peuples. Oüy cét Amour, qui n'a pas voulu que nous ayions sçeu combien il souffroit, de peur de nous faire souffrir avec lui ; C'est le méme qui nous a donné tant de part, dans la joie de ses Triomphes, sans nous faire entrer dans les allarmes de ses Combats.

C'est le méme qui a nourri les peuples durant la famine, & qui a pris tant de soins pour ne leur pas manquer, dans un temps ou la nature leur manquoit.

C'eſt le méme, qui n'a jamais pardonné au Duel, d'avoir répendu le ſang de ſes Sujets.

Admirable conduite d'un Roy, qui eſt perſuadé que Dieu a fait les Roys, non ſeulement pour eſtre les Miniſtres de ſa Puiſſance, mais encore de ſa Bonté; & qui veut remplir toutes les fonctions de ce Divin miniſtere.

Ie ne ſçaurois oublier, ce que j'ai cent-fois oüy dire à un grand Miniſtre d'Etat, qui a eſté un des Principaux Ornemens de cette Academie ou ſa memoire ſera toujours en veneration. Il eſt vrai, diſoit-il ſouvent, en parlant du Roy, je ne connois perſonne dans tout le Royaume, qui aime tant à faire ſon devoir que noſtre Maiſtre: & rien au monde ne peut empêcher, qu'il ne faſſe toujours tout le bien qu'il ſe croira obligé de faire.

Heureux peuples qui lui eſtes ſoumis, vous pouvez tout eſperer d'un ſi Grand Prince. Vous l'aimez & il vous aime; Il eſt invincible en tout; Il ne ſe laiſſera pas ſurpaſſer en amour par ſes Sujets, non plus qu'en valeur par ſes ennemis. Aſſeurez vous, que vous joüirez d'un bon-heur accompli: & que s'il reſte encore quelque choſe à faire pour l'achever, ce n'eſt rien en comparaiſon de ce qui eſt fait.

Il ne s'agit plus de paſſer à la nage, les plus grands Fleuves; de vaincre les obſtacles des Elemens; de Camper ſur la glace & dans les neiges ; de prendre chaque jour des Villes qu'on eſtimoit imprenables. Toutes ces choſes les plus grandes qu'on ſe puiſſe imaginer dans la Vertu Heroïque , ont eſté faites avec un ſuccez incroyable.

L'Hereſie meſme qui étoit un ſujet perpetuel de trouble & de crainte ; Cette Hereſie qui ſe croyoit invincible , eſt entierement vaincuë. Elle qui ſe glorifioit d'avoir plus d'un million d'Hommes dans ſon parti, s'eſt vûë tout d'un coup abandonnée. Elle n'a plus dans le Royaume, ny de Miniſtres, ny de Temples. Nous avons veu abattre celui qu'elle avoit élevé à la veuë de Paris , & qui faiſoit le plus grand ſcandale de l'Egliſe. Nous avons foulé aux pieds le Comble qui le couvroit ; Nous avons marché ſur ſes ruïnes. Heureuſes ruïnes, qui ſont le plus beau Trophée que la France ayt jamais veu ! Ouvrage admirable de Louis le Grand ! Ouvrage immortel & incomparable, qui eſt infiniment au deſſus, & des Statuës, & des Obeliſques , & de tous les autres Monumens qui publient les Vertus de ce Grand Prince ! Cent Arcs de Triomphe élevez à Sa Gloire ne la porteront pas ſi haut, que ce Temple de l'Hereſie abbatu par ſa Pieté ; Et jamais rien ne luy fera tant d'honneur que ce qu'il a fait lui-méme.

Iamais on ne loüera que trés-imparfaite-
ment

ment une action si admirable, qui est au def-
fus des loüanges, & dont la grandeur infinie
ne se laisse pas comprendre.

Qui est-ce en effet qui comprend bien la
Victoire, ou plustost le Miracle de l'Extirpa-
tion de l'Heresie ? Quelque esprit d'homme
a-il bien conçeu, comment cette Heresie, qui
dans les derniers Regnes, a fait tant de Guerres sanglantes & plusque civiles, a pu estre
deffaite au milieu d'une profonde Paix, sans
qu'il ayt paru aucun signe de Guerre? Quoy,
ce mal-heureux Schisme, qui dans un petit
nombre de ses Partisans, & dans une seule de
ses retraites, avoit esté plus difficile à vaincre,
que la Mer n'avoit esté difficile à enchaisner,
est entierement aboly, sans qu'il en ayt cousté
le moindre Combat ! Quoy, ce formidable
Party qu'on avoit veu se multiplier dans le sang
& le carnage, est entierement dissipé, sans
qu'il ayt esté répandu une seule goutte de
sang.

Diuine Victoire ! Victoire sainte, dont
l'Eglise fera une de ses plus grandes Festes,
& qu'elle Chantera dans toutes les parties du
monde ! Mais disons au moins icy, qu'on ne
pourra plus entendre nommer l'invincible
Heros qui a remporté cette Victoire, sans penser en mesme temps à l'Heresie qu'il a détruite.
On s'imaginera toujours le voir, ayant sur ses

B

Armes Triomphantes, l'Image de cette Hidre qu'il a étouffée : De mesme que la Minerve des anciens avoit sur son Bouclier, la Teste de ce Monstre, qui changeoit en pierre tous ceux aux yeux desquels ce Bouclier étoit presenté.

Il n'y a que cette Fable qui puisse nous ayder à exprimer en quelque sorte, l'étonnante verité que nous admirons. Et il paroist en effet, tant de Sagesse & tant de Force dans le Vainqueur de l'Heresie, que la seule idée de cette Victoire, jette dans l'ame de ses ennemis, une terreur qui les arreste, & qui semble les rendre immobiles.

Il n'y a plus de Nations sur la Terre, qui veulent éprouver la Valeur de LOVIS LE GRAND. Tout l'Vnivers, ou luy obeït, ou l'admire : Et c'est dans la gloire de cette Paix, qui est pour luy un Triomphe perpetuel, qu'il a plû au Ciel, de ne pas laisser sans action les Vertus Heroïques d'une Ame si grande ; & de vouloir l'exercer par cette maladie, dont la parfaite guerison, est le sujet de nostre joye.

Nous en avions toujours esperé un heureux évenement, parce que nous l'avions toujours souhaité avec une ardeur extrême : Mais cette esperance ne pouvoit pas nous oster la crainte. Et il est vray, que la maladie du Roy, nous a fait plus de peur au milieu de la Paix, que n'avoient fait au milieu de la Guerre, toutes les Armées

ennemies qui environnoient le Royaume.
Nous avons eu plus d'inquietude, sur la moindre circonstance de son mal, que sur toutes les
assemblées des Princes d'Allemagne : Et comme il est naturel de craindre autant que l'on
aime, nous trouvions par tout, des sujets de
crainte. Nous en trouvions dans nostre amour ;
Nous en trouvions dans sa Vertu ; Nous en
trouvions dans le nombre prodigieux de ses
grandes Actions, qui font penser, qu'il a vécu
plus que cent Roys : Et nous ne sçavions pas,
comment le Ciel avoit resolu de conter sa Vie,
ou par ses jours, ou par ses Victoires.

Mais enfin nous voyons heureusement, que
cette maladie, qui nous a fait trembler, n'é-
toit dans l'ordre de la Divine Providence qu'un
nouveau moyen de faire connoistre le merite
extraordinaire du Heros qu'Elle a choisi, pour
executer ses plus grands desseins ; Ce qui est
arrivé de la maniere la plus glorieuse qu'on se
puisse imaginer.

Car au premier bruit de la maladie du Roy,
on vit tous ces Princes qu'il a tant de fois
vaincus, se rémuer, s'agiter, s'émouvoir, cou-
rir aux assemblées, former de nouvelles ligues,
écouter les conseils & le desespoir des Mini-
stres de l'Hérésie, signer de nouveaux traitez,
renouveler d'anciennes plaintes, parler publi-
quement de vengeance & de Guerre. Mais que

faites-vous Princes jaloux de la gloire de mon Roy ? Que faites-vous autre chose, que d'augmenter cette gloire ? Que de témoigner hautement, que vous le craignez plus luy seul, que toutes ses Armées ; Que vous redoutez plus sa Prudence, que la fureur de ses Soldats ; Qu'il vous paroist plus terrible, que la foudre des Bombes & du Canon, & que s'il n'eust pas esté malade, vous n'auriez pas seulement pensé aux délibetations inutiles que vous avez faites.

Ils ne s'imaginoient pas alors, tous ces Princes, que la maladie du Roy, dust estre une des plus belles avantures de sa Vie ; ny qu'il pust y faire des choses qui étonneroient également, quoyque d'une maniere bien differente, l'amour de ses Sujets, & la jalousie de ses ennemis.

Nous sçavions bien, qu'il y feroit paroistre cette admirable fermeté d'Ame, qui ne luy est pas moins naturelle, que cét air de Grandeur & de Majesté qui le distingue de tous les hommes ; Nous sçavions bien, qu'ayant resisté avec une force invincible au plus grand de tous les plaisirs, qui est le plaisir de vaincre, il ne se laisseroit pas abattre par la douleur ; Mais nous ne pensions pas (il faut l'avoüer) Nous ne pensions pas, qu'il deust tenir Conseil, le jour méme qu'il souffrit cette operation douloureuse dont le seul souvenir nous effraye.

Pardonnez Grand Prince, pardonnez à no-

tre zele s'il ne vous a pas conçû aussi grand
que vous estes. Nous voyons bien maintenant
qu'il pouvoit estre plus éclairé ; mais il ne sçau-
roit estre plus ardent. Nous publierons au moins
avec une ardeur extréme, ce merveilleux évenement, que nous n'avons pu prevoir ; Nous
dirons que c'est le plus auguste Conseil qui se
soit jamais tenu sur la terre ; Nous dirons qu'il
ny est entré que des vertus Heroïques, dans un
degré Sovverain : Vne Souveraine Prudence,
une Souveraine bonté, une Souveraine force,
un amour souverain pour les peuples, toutes vertus Souveraines & Heroïques; Etant certain
que des vertus d'un rang au dessous, n'auroient
pas esté capables de traiter d'affaires politiques
dans un état de souffrance & de douleur.

Mais toutes les circonstances de ce Conseil
admirable, veulent estre considerées, avec une
profonde meditation, qui ne convient point à
cette joye publique, dans laquelle nous som-
mes. Il suffit seulement de marquer icy, qu'il
se tint ce jour-là méme, qui fut un jour de Crise
pour tout l'Etat, & qui par l'importance infinie
des choses dont il s'agissoit, fera une des plus
grandes Epoques de nostre Histoire.

Le Roy voulut aussi le mesme jour, se faire
voir à ses Courtisans. Ils le virent en effet, toujours semblable à luy-mesme ; toujours avec
cette douce Majesté, qui inspire également

l'amour & le respect. Les marques de sa dou‑
leur, ne paroissoient que sur leurs visages, & le
sien n'étant ny alteré, ny émeu, avoit une Se‑
renité qui dissipa en un moment, ce qu'il y
avoit de sombre & de triste sur tous les autres.
Il leur parut encore plus grand dans cét état
que sur le Trosne : Et ils avoüoient avec admi‑
ration, que l'éclat du Trosne qui fait souvent
toute la grandeur des Roys , n'avoit fait que
cacher une partie de la sienne.

C'est un spectacle digne du Ciel (disoit au‑
tres‑fois Senecque) qu'un homme qui lutte con‑
tre la mauvaise fortune. Mais qu'auroit‑il dit ?
qu'auroit‑il pensé, s'il avoit vû, non pas un hom‑
me d'une Condition privée , mais le plus
grand , mais le plus heureux de tous les Roys,
souffrir si long‑temps , un mal si sensible ; &
porter la constance jusqu'à cette extremité,
que d'avoir pu, le jour mesme d'un perilleux
redoublement de douleur, voir toute sa Cour,
& tenir son Conseil. Il se seroit recrié, ce Phi‑
losophe de l'ancienne Rome, Il se seroit recrié,
qu'il avoit trouvé le sage qu'il cherchoit par
tout, & qu'il l'avoit trouvé dans un Roy ; Ce
qui est encore plus heureux & plus admirable.

Pour moy, je ne sçay plus que dire à force
de penser sur des choses si nouvelles & si inoüies.
Mais je dirai au moins , n'ayant pas d'autre
expression , je diray que le Roy a esté malade

en Roy. C'eſt à dire en exerçant toute la puiſſance Souveraine ; Car il eſt certain que tout
autre que le plus grand Roy du monde, à qui
perſonne ne veut déplaire, n'auroit point,
dans un jour ſi fatal & ſi douloureux, entendu
parler en aucune maniere, ny de complimens,
ny d'affaires. Mais il ne voulut pas que ce jour
fuſt diſtingué de tous les autres ; & par là il, en
a fait un des plus beaux jours de ſa Vie, & qui
ſera marqué avec un Caractere de Gloire dans
toute la Poſterité.

Mais voicy encore de nouveaux ſujets d'ad-
miration. Le Roy n'a pas meſme voulu, que
pendant ſa maladie, les divertiſſemens de la
Cour, ayent eſté interrompus. Il a fait ouvrir
ces magnifiques apartemens, où ſont raſſem-
blez tous les jeux, & les plaiſirs qui peuvent
charmer l'eſprit ſans le corrompre. C'eſt une
feſte perpetuelle, que ſa magnificence & ſa ſa-
geſſe ont inventée, pour aprendre aux Cour-
tiſans, à joüer avec moderation, à ſe divertir
innocemment, & encore pour connoître leurs
inclinations & leurs mœurs, par le moyen le
plus ſeur, & le plus digne de la Majeſté Royale.

Il commanda que ces divertiſſemens fuſ-
ſent continuez, parce que la joye de ſes Sujets
étoit le plus grand ſoulagement qu'il trouvoit
à ſon mal.

Il faut l'avoüer Meſſieur, cette bonté, cet-

re humanité , eſt une vertu bien rare dans les
Princes qui ſe voyent ſi élevez au deſſus des
autres hommes. Mais les moindres actions du
Roy, ſont accompagnées de cette bonté Souveraine qu'il a reçeû du Ciel en naiſſant. Il
en donne des marques à toute heure, en toute occaſion; dans les affaires, au jeu, à la pro-
menade meſme, où il a ſouvant la bonté de
commander a ceux qui ont l'honneur de le
ſuivre de ſe couvrir devant luy. Mais combien
cette diſpenſe du reſpéct exterieur, qui eſt deu
à ſa dignité, augment'elle la profonde veneration, & la ſincere eſtime que l'on ne peut
refuſer à ſa vertu? Qui ne voit en cela une
grandeur d'Ame par laquelle il s'éleve au deſſus des autres Roys, & ſe conforme à la con-
duitte de Dieu meſme, qui a peu d'égard au
Culte exterieur & veut eſtre ſervy, en eſprit
& en verité ?

Quelle difference de mon Roy, à ces autres
Roys de la terre, que leurs Sujets n'oſeroient
jamais regarder en face, & devant leſquels ils
ſont toûjours proſternez & rempans ! LOUIS
LE GRAND ſe laiſſe voir au moindre de
ſon peuple, & ſa plus grande gloire eſt d'eſtre
veu ; parce qu'on ne peut le voir ſans l'aimer ;
Et rien ne lui plaiſt davantage. Il ſçait qu'on
ne manque jamais de reverer un Prince, quand
on l'aime, mais qu'il n'eſt pas toûjours ſeur

qu'on l'aime, quand on le revere; Et qu'ainſi l'importance eſt d'avoir l'amour des peuples; parce que cét amour eſt infailliblement ſuivy du reſpect, de l'eſtime, de l'obeïſſance, de la ſoumiſſion & de tous les autres ſentimens qui font également la gloire du Prince, & le bon-heur de l'Etat.

Le Roy n'a qu'à ſe laiſſer voir, pour inſpirer tous ces ſentimens, qui ſont les effets naturels de l'amour. Et il importe peu pour cela, en quel état il ſoit vû; ou dans les proſperitez de la fortune, ou dans les infirmitez de la nature. Auſſi admirable étant malade en ſon lit, que commandant à la teſte de ſes Armées; & tout le cours de ſa maladie, n'ayant eſté qu'une ſuitte continuelle d'actions Heroïques. Car depuis qu'il euſt tenu ce Conſeil dont j'ay parlé, & qu'on ne ſçauroit aſſez admirer, il continua reglément tous les autres jours, avec une exactitude incroyable. Et qui le croiroit en effet, qu'un Prince malade fit autre choſe que penſer à ſon mal, s'en plaindre, & chercher du repos? Mais le Roy malade, a bien d'autres penſées & d'autres ſoins. Il porte dans ſon Eſprit toutes les affaires de ſon Etat; Il entend ſes Miniſtres, il decide, il ordonne, il pourvoit à ce qu'il faut dans les Provinces du Royaume les plus éloignées. Il fait bâtir au delà du Rhin pour la ſeureté des Frontieres, un Fort à la teſte

D

du pont d'Huning. Il en fait bâtir un autre dans l'Isle de Gesenhem : Deux Forts, dont la construction est plus importante que la prise de plusieurs Villes. Et dans le mesme temps, à une autre extremité du Royaume, il regle les limites de ses Conquestes ; obligeant l'Espagne de reconnoistre tout de nouveau la justice de ses Armes, & de luy ceder encore une étenduë considerable de païs.

Voilà quelques-uns des effets, & si je l'osois dire des simptomes de la maladie du Roy. C'est ainsi que ce Heros malade, a fait de son lit comme un Champ de Victoire. C'est là, où il a fait mourir l'Envie que ses autres Victoires avoient fait naître. C'est là, où il a triomphé des cœurs de ses ennemis, comme il avoit triomphé de leurs Armées. Ils reconnoissent maintenant, aprés l'avoir veu souffrir, qu'il étoit digne de les vaincre. Ils avouënt que tant de grands évenemens de sa Vie ne sont que les effets naturels d'une force d'esprit encore plus grande ; Qu'il n'a esté heureux que parce qu'il est sage ; & qu'il n'est redevable de toute sa gloire, qu'à sa seule Vertu.

Nous ne pouvons pas nous-mesmes en dire davantage, mais nous souhaitons de tout nôtre cœur, qu'il puisse encore l'entendre dire un Siecle entier ; & qu'il plaise au Ciel de retrancher de nos jours, pour adjoûter aux siens.

Que je serois heureux, si quelque preference étoit donnée à celuy qui a l'honneur de parler pour les autres. Quel avantage pour nous, Messieurs ! Quelle gloire, si une partie de nos années pouvoit entrer dans la suitte d'une si belle Vie ; d'une vie si Illustre, si merveilleuse, si Heroïque ! Ce seroit sans doute le plus seur & le plus beau moyen de parvenir à cette immortalité, à laquelle nous aspirons : Et c'est aussi la grace que nous demandons au Ciel, en le loüant, & en invitant toutes les creatures de le loüer avec nous, d'avoir conservé nostre Auguste Prince.

Soleil, qui avez tant de fois éclairé ses Victoires, & qu'il a pris pour simbole des grandes & magnifiques Vertus, ausquelles il a consacré sa Vie ; Loüez le Seigneur qui l'a conservé.

Astres de la nuit, qui l'avez trouvé tant de fois veillant seul avec vous, pour le bien du monde : Loüez le Seigneur qui l'a conservé.

Mers qui estes étonnées de vous voir jointes l'une à l'autre, par son ordre, & pour le bien de ses Estats : Loüez le Seigneur qui l'a conservé.

Fiers Pirates qui étiez les ennemis declarez de toutes les Loys, & qu'il a heureusement reduits à suivre celles qu'il vous a données : Loüez le Seigneur qui l'a conservé.

Rois de la Terre, qui avez admiré avec quel courage & quelle prudence il a vangé la Majefté Royale ; que des Republicains avoient offenfée : Loüez le Seigneur qui l'a confervé.

Braves Soldats que fa bonté rend heureux, lors qu'un malheureux fort vous a rendu inutils : Loüez le Seigneur qui l'a confervé.

Ieune & floriffante Nobleffe, qu'il fait élever avec tant de foins, dans tous les exercices Militaires , & qui commencez déja d'eftre la terreur de nos ennemis : Loüez le Seigneur qui l'a confervé.

Troupe de jeunes Vierges, que voftre infortune rend heureufes en vous attirant fa protection, & qui trouvez dans fa Pieté Royale les foins & les tendreffes de vos meres : Louëz le Seigneur qui l'a confervé.

Sçavantes Academies des beaux Arts , que fa Magnificence a fondées, & qui devez à fes Heroïques Vertus, les plus excellents fujets de vos immortels ouvrages : Louëz le Seigneur qui l'a confervé.

Nous Meffieurs, qui fommes particulierement Corlfacrez à fa Gloire, par ce titre fi glorieux pour nous , par lequel il veut bien que le plus Grand Roy du monde, foit appellé le Protecteur de l'Academie Françoife; Loüons le Seigneur qui l'a confervé , & demandons au Seigneur qu'il le conferve. Que tous nos vœux ayent pour objet la confervation & la durée de fa vie. C'eft la gloire de l'Etat, c'eft la felicité

des Peuples , c'eſt l'honneur de la Religion ,
c'eſt la Paix de l'Egliſe , c'eſt la ſource de tout
le bien public. Vive le Roy , que le Roy vive,
& nous ſommes heureux.

Permis d'Imprimer. Fait ce 22. Février 1687.
DE LA REYNIE.